CATALOGUE

D'UNE CHARMANTE COLLECTION

DE TABLEAUX

DE L'ÉCOLE FRANÇAISE

MODERNE,

Dont l'Exposition aura lieu le Dimanche 8 Mars 1829, de midi à quatre heures de relevée, dans la Salle Lebrun, rue de Cléry, n. 21;

Et la Vente aux enchères les lundi 9, et mardi 10 dudit mois, de midi à quatre heures;

Par le ministère de M. PETIT, Commissaire-Priseur, rue des Jeuneurs, n°. 1,

Avec l'assistance de M. HENRI, Commissaire-Expert des Musées royaux, rue de Bondy, n°, 23.

CE CATALOGUE SE DISTRIBUE GRATIS

AUX DEUX ADRESSES CI-DESSUS.

PARIS,

IMPRIMERIE DE A. CONIAM,

RUE DU FAUBOURG MONTMARTRE, N°. 4.

1829.

CATALOGUE

D'UNE CHARMANTE COLLECTION

DE TABLEAUX

DE L'ÉCOLE FRANÇAISE

MODERNE,

Dont l'Exposition aura lieu le Dimanche 8 Mars 1829, de midi à quatre heures de relevée, dans la Salle Lebrun, rue de Cléry, n. 21;

Et la Vente aux enchères les lundi 9, et mardi 10 dudit mois, de midi à quatre heures;

Par le ministère de M. PETIT, Commissaire-Priseur, rue des Jeuneurs, n°. 1,

Avec l'assistance de M. HENRI, Commissaire-Expert des Musées royaux, rue de Bondy, n°, 23.

CE CATALOGUE SE DISTRIBUE GRATIS

AUX DEUX ADRESSES CI-DESSUS.

PARIS,

IMPRIMERIE DE A. CONIAM,

RUE DU FAUBOURG MONTMARTRE, N°. 4.

1829.

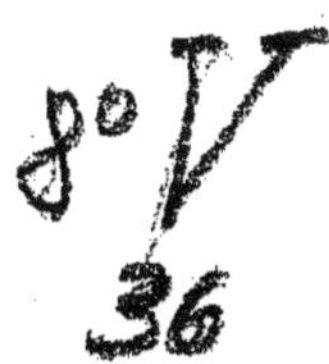

AVERTISSEMENT.

Nous ne nous étendrons pas sur le mérite des Tableaux dont nous annonçons la vente aux amateurs. Un simple coup-d'œil jeté rapidement sur plusieurs feuillets de ce Catalogue, les frappera beaucoup plus que tout ce que notre confiance dans leurs lumières, jointe à la crainte de les ennuyer, nous permettrait d'écrire ici sur ce sujet. En effet, quoi de plus propre à leur donner une idée parfaite de cette collection extraordinaire, que les noms justement vantés, et même les grandes célébrités qui couvrent toutes nos pages ?

Que la personne qui nous a fourni les notes dont se compose notre Catalogue, n'ait pu se défendre d'y joindre des éloges qui se ressentent d'un esprit vivement passionné pour les ouvrages de notre École de peinture, cela ne peut raisonnablement surprendre qui que ce soit : les talens si variés de nos peintres, le goût, l'esprit, les agrémens sans nombre, les heureuses originalités dont ils assaisonnent avec un art si nouveau toutes leurs productions, sont bien faits pour justifier une admiration que nous partageons tous, et dont plusieurs augustes personnages semblent se faire un titre de gloire.

Beaucoup d'esquisses font partie de cette intéressante collection, et en relèvent l'éclat, selon nous, au lieu de l'affaiblir. Comme nous avons fait connaître ci-devant, quelle est notre manière d'envisager ces productions soudaines, ces improvisations du génie , où le mérite de la pensée tient toujours la première place, nous ne pourrions que nous répéter, en essayant de définir l'espèce de charme qu'elles exercent sur l'imagination. Disons seulement que dans les sujets nobles surtout, il en est de la peinture comme du discours, où la pensée, quand elle est grande, produit beaucoup plus d'effet qu'une phrase d'un tour froidement régulier.

Les études de paysages faites d'après nature , ces études si profitables , quelquefois si vraies , forment une seconde classe de tableaux dans la collection dont il s'agit. Là, se montre tout ce que le peintre a d'adresse de main et de sentiment; là, sont comme fixés sur la toile, des sites pittoresques, des effets piquans et variés à l'infini.

Viennent enfin les tableaux ou chaque chose est *rendue*, où l'imagination n'a rien à désirer, où l'excellence du travail ajoute une beauté de plus à l'œuvre du génie. Cette sorte de peinture a trop de partisans pour qu'il soit nécessaire de la recommander. S'il est des hommes qui, se plaisant dans les idées vagues, aiment la beauté enveloppée des voiles du mystère, un plus grand nombre préfère la voir dans tout son jour, et dégagée, comme la Vérité, de tout nuage qui ne servirait qu'à altérer la pureté de ses traits.

CATALOGUE

D'UNE CHARMANTE COLLECTION

DE TABLEAUX

DE

L'ÉCOLE FRANÇAISE MODERNE.

BÉRÉ.

1. — Des vachers dans un pâturage. Charmant tableau où l'on trouve toutes les qualités distinguées de cet artiste.

BERGERET.

2. — Répétition faite en grisaille du beau tableau de la mort de Raphaël. Ce tableau, du fini le plus précieux, et auquel M. Bergeret a apporté tous ses soins et son talent, ne peut manquer par sa perfection d'interresser vivement les connaisseurs.

3. — Philippe-Lippi, esclave à Alger, fait le portrait de son maître, qui, dans son étonnement et sa reconnaissance, lui rend la liberté. Petit tableau d'une composition heureuse et d'une exécution très-soignée.

BERTIN.

4. — Petit paysage de forme ronde, et de la jeu-
nesse de M. Bertin ; on y retrouve toutes les qualités
de ce maître, l'élégance de sa composition et la
finesse de son pinceau.

BIDAULD.

5. — Étude faite d'après nature, au soleil levant :
Elle charme par son harmonie autant que par sa vérité.

BONNINGTON.

6. — Paysage plein de fraicheur et d'accord, avec
effet de soleil levant. Dans le fond un troupeau de
vaches traverse à gué une rivière ; à gauche, au se-
cond plan, une belle masse d'arbres se réfléchit dans
l'eau ; sur le devant des paysans causent sur un
tertre.

Enlevé tout récemment aux arts et à ses amis,
Bonnington n'a laissé que peu de productions. Celle-
ci, qu'il affectionnait le plus, est sans contredit une
des plus remarquables.

BOUHOT.

7. — Vue prise sous l'une des voûtes de l'Arche
Marion. Dans le lointain est le quai aux fleurs. Les
figures sont de Leprince.

BOUTON.

8. — Charmant tableau plein d'effet, représen-

tant une voûte souterraine; plusieurs personnages en visitent les ruines à la clarté des torches.

BOUTON.

9. — Étude achevée pour le tableau de Saint-Roch qui est au Luxembourg.

10. — Esquisse du tableau de Saint-Lonis au tombeau de son père.

Ces deux tableaux ne laissent rien à désirer pour l'effet et la perspective, et se rattachent aux deux plus belles productions de M. Bouton.

CHARLET.

11. — Étude d'après des balayeurs assis et se reposant de leur travail.

Les ouvrages peints de M. Charlet sont de la plus grande rareté, on peut même dire qu'il n'en existe pas chez les amateurs, du moins n'en avons-nous jamais rencontré dans aucune collection. Il est à regretter que M. Charlet, arrêté par un excès de modestie, ne se livre point à la peinture de genre, où l'originalité de son exécution et l'esprit habituel de ses compositions l'auraient bientôt placé au premier rang.

COIGNET (Jules).

12. — Vue de Tivoli faite d'après nature : tableau intéressant, et par le site qu'il représente et par son exécution.

CONSTABLE, peintre anglais.

13. — Vue d'un château dans un parc anglais.

Ce tableau, quoique d'une manière de *faire* tout-à-fait étrangère à notre école, est d'un aspect extrêmement séduisant. L'air et la lumière y sont répandus avec un art et un sentiment qui en font une production très-remarquable, et qu'un artiste peut consulter avec fruit.

14. — Marine du même artiste. On y trouve, comme dans le précédent tableau, tout ce qui constitue un talent original et vrai.

COUDER.

15. — Charmant tableau représentant Anacréon au moment où l'amour, auquel il a donné l'hospitalité et qu'il vient de réchauffer, s'envole en lui lançant une flèche. Ce tableau est d'une couleur charmante et d'une composition extrêmement heureuse.

16. — La mort de Virgile ; riche composition, pleine de mouvement et d'intérêt, et qui a eu le plus grand succès au dernier salon.

COUTAN.

17. — Esquisse terminée représentant Noé maudissant son fils.

Cette belle esquisse, envoyée de Rome, fut exposée, il y a trois ans, aux Petits-Augustins, et mérita à M. Coutan le suffrage de tous les professeurs.

DAVID.

18. — Le portrait du député Prieur de la Marne : étude pleine de finesse et de facilité, que l'auteur avait faite pour le serment du Jeu de Paume.

Cette étude est une des plus belles choses qui soit sortie du pinceau de David, et provient de la vente qui fut faite après son décès.

19. — Étude pour la peste de Saint-Roch. Cette peinture se ressent, sous le rapport du dessin, du temps où elle fut faite ; mais elle a, sous celui de l'exécution, tout le mérite des plus beaux ouvrages de ce grand maître.

20. — Un portrait en pied de Napoléon revêtu de son costume impérial. Très-beau tableau, riche d'accessoires et d'une large exécution.

21. — Esquisse représentant Orphée au tombeau d'Euridice : morceau d'une très-belle couleur et d'un dessin remarquable.

DECAMPS.

22. — Un garde-champêtre, un garde-chasse et un berger causent ensemble au pied d'un mur.

Ce tableau est d'une grande énergie de couleur et d'une piquante originalité.

DUNOUY.

23. — Vue d'un couvent situé au bord d'une ri-

vière; des animaux bien touchés et une danse de paysans animent ce joli tableau.

DUVAL LE CAMUS.

24. — Mendiant joueur de vielle. Figure pleine de naturel et de naïveté.

EMME.

25. — Très-belle esquisse du tableau du massacre des Juifs, qu'on admire au Luxembourg.

FABRE.

26. — Saint-Sébastien percé de flèches. Très-belle étude avec fond de paysage, qui rappelle la grande manière de peindre et le beau dessin de David, dont M. Fabre est un des élèves les plus distingués.

Les ouvrages de M. Fabre sont de la plus grande rareté.

FLEURY.

27. — Très-belle étude faite d'après un Grec; exposée au salon de 1824, où elle a été remarquée avec intérêt par les connaisseurs.

28. — Un matelot au bord de la mer chante en raccommodant ses filets. Étude également très-remarquable.

29. — Des Napolitains sont en prière devant une madone. Dans ce tableau l'artiste a cherché à vaincre et a vaincu de la manière la plus heureuse, on peut le dire, la difficulté très-grande de faire sentir la

présence de trois lumières ; celle du soleil couchant, celle de la lune levée et celle d'une lampe. Il est impossible de trouver un tableau plus harmonieux et plus digne de figurer dans la collection d'un amateur.

GASSIES.

30. — Sur le devant d'une plage, à la marée basse, des pêcheurs raccommodent une barque.; à gauche est un village situé sur le haut d'une falaise. Ce tableau fait d'après nature offre une immense étendue de pays. La perspective aérienne est très-bien entendue.

31. — Charmant petit tableau, représentant une vue du lac l'Homond en Écosse.

GÉRICAULT.

32. — Étude de lion et de lionne dans une caverne.

Cet admirable ouvrage, bien qu'incomplet, offre dans quelques parties, au plus haut degré le grandiose et l'énergie qui règnent dans toutes les productions de cet artiste.

33. — Étude d'une lionne, où l'on retrouve les mêmes qualités qui distinguent celle qui précède.

34. — Course de chevaux. l'auteur a su donner à ces animaux une ardeur et un mouvement inconnus jusqu'à ce jour. Cet ouvrage achevé d'un artiste qui n'a presque laissé que des études, doit vivement intéresser les amateurs.

35. — Très-belle étude d'après un cheval gris pommelé, et comparable à tout ce que les peintres anciens les plus habiles ont pu laisser dans ce genre.

GIRODET (Trioson).

36. — Très-belle esquisse terminée ; sujet tiré des poésies d'Ossian. Un vieux Barde, plein d'enthousiasme, anime par ses accens la marche de guerriers qui courent venger la mort d'un jeune Barde étendu sans vie auprès de sa lyre.

L'effet de cette peinture est magique ; la lumière y est répandue de la manière la plus savante ; et l'on croit vraiment entendre les pas des guerriers qui se pressent d'obéir à la voix qui les encourage.

37. — Autre esquisse terminée, pleine d'effet et de poésie, représentant Orphée au moment où Euridice lui échappe sans retour.

Ces deux tableaux n'ont point fait partie de la vente de Girodet : choisis entre les autres, comme les plus remarquables, ils faisaient partie de la réserve qu'avaient faite pour eux les héritiers de Girodet.

Achetés après sa vente ils ont été payés un prix extrêmement élevé.

38. — Une répétition pleine de charme de la tête de son Atala.

GRANET.

39. — Mademoiselle de la Vallière fait retirer de

sa cellule le portrait de Louis XIV. Ce tableau est de la belle manière de M. Granet : la peinture en est à la fois large, ferme et pleine de finesse. Il est difficile de rencontrer un ouvrage plus complet de cet habile maître.

40. — Dans un souterrain éclairé par l'ouverture même qui lui sert d'accès, des mendians causent auprès d'un feu qui leur sert à préparer leur repas. Ce tableau, plein d'effet et d'harmonie, est un des ouvrages les plus remarquables de M. Granet.

GROS (le baron).

41. — Sujet tiré des poésies d'Ossian. Cette esquisse très-avancée est pleine de mouvement et d'effet; la verve d'un grand maître s'y montre toute entière.

42. — Autre très-belle esquisse pleine de chaleur pour le portrait équestre de Jérome Bonaparte.

GUÉRIN (le baron).

43. — Caracalla faisant assassiner son frère dans les bras de sa mère.

Ce sujet traité déjà bien des fois par des maîtres célèbres présente ici une grande supériorité, tant par la composition que par le déssin et l'exécution qui est d'un fini extraordinaire

Ce tableau d'une dimension qui le rend difficile à trouver dans les ouvrages de M. Guérin, le rend précieux pour les collections des amateurs.

Mᵐᵉ HAUDEBOURG LESCOT.

44. — Une jeune femme malade consulte un médecin.

Ce tableau d'un effet plein de mélancolie, est doublement recommandable par le précieux de son exécution et la manière heureuse dont il est éclairé.

45. — Étude pleine de facilité, faite d'après un Juif.

HERSENT.

46. — Charmante esquisse représentant Mazet de Lamporechio; sujet tiré des contes de La Fontaine. Ce petit tableau est d'une couleur charmante et d'une composition très-piquante.

47. — Fénélon ramenant à des paysans la vache qu'ils avaient perdue.

Les productions de M. Hersent sont d'autant plus précieuses qu'elles sont extrêmement rares. Celle-ci intéresse d'ailleurs par un trait de bonté éminemment touchant, et tout à la fois par l'expression bien sentie de chacune des figures.

ISABEY (Eugène).

48. — Paysage fait d'après nature, et qui en a tout à la fois le charme et la vérité. On y voit une femme cheminant dans un sentier tracé entre deux champs de blé.

LACROIX (Eugène).

49. — Sujet tiré d'Ivanhoë, roman de Walter-Scott.

Ivanhoë blessé et malade se fait rendre compte par la jeune Juive de l'attaque que l'on fait du château où il est renfermé.

50. — Une jeune femme nue et éclairée de la manière la plus piquante joue avec un perroquet.

Ces deux tableaux sont d'une belle couleur, et l'on y trouve les qualités qui font rechercher les productions de M. Lacroix.

LAMY (Eugène).

51. — Charmant tableau représentant une voiture versée, de laquelle les voyageurs sont descendus.

Ce tableau plein d'élégance et de goût est d'une exécution très-soignée.

LEPRINCE (Xavier).

52. — Vue prise en Suisse d'après nature. Sur le haut d'une montagne des paysans et des jeunes filles s'agenouillent et prient devant une chapelle. Très-bon tableau et qui est le dernier qu'ait terminé ce jeune artiste.

53. — Un jeune peintre à son chevalet fait une étude d'après un modèle de femme nue, éclairée par une lampe. Ce tableau très-fini et d'un effet très-remarquable doit plaire aux amateurs.

54. — Autre petit tableau avec effet de neige et représentant la porte Saint-Denis. Charmant ouvrage plein d'esprit et de finesse.

55. — Deux chasseurs. L'un d'eux s'empresse de

secourir leur chien qui vient d'être blessé, tandis que l'autre, qui probablement a causé ce malheur, se désespère de sa maladresse.

LEPRINCE (Léopold).

56. — Vue faite d'après nature au Havre; l'effet de lumière en est heureux, et jette du charme sur cette peinture dont les eaux ne manquent pas de vérité.

LESAINT.

57. — Un intérieur.

58. — Autre intérieur.

Ces deux tableaux sont d'une grande vérité, et l'on voit par l'exactitude des détails qu'ils sont faits d'après nature.

MAUZAIZE.

59. — Esquisse terminée du baptême de Clorinde.

Cette esquisse d'un tableau qui a fait la réputation de son auteur, rappelle les beautés de l'original; elle provient du cabinet de M. Denon.

MICHALLON.

60. — Vue des Cascatelles de Tivoli.

Enlevé trop tôt à la peinture dont il aurait été un des soutiens les plus distingués, Michallon a laissé peu de tableaux terminés : celui-ci est un des plus remarquables. Les eaux y sont d'une transparence, d'une légèreté et d'un mouvement extraordinaires;

le site même, si souvent répété, présente un nouvel intérêt par la manière brillante dont il est rendu.

61. — Étude faite d'après nature à Castellamare.

Elle provient de la vente faite après la mort de l'auteur, et c'est une de celles qu'on y a le plus remarquées.

62. — Très-belle étude des Cascatelles de Tivoli ; elle a tout le fini d'un tableau terminé.

PRUDHON.

63. — Une répétition très-avancée du Zéphir de la collection de M. Sommariva, et de la même grandeur.

Cette répétition, qui provient de la vente de Prudhon, et que la mort l'empêcha de terminer, a le double avantage de rappeler tous les charmes d'un chef-d'œuvre de notre école, et démontre les procédés du grand maître dont elle est l'ouvrage.

REMOND.

64. — Grand paysage historique où l'auteur a représenté le sujet de Philoctète abandonné sur les rochers de l'île de Lemnos, et montrant un grand désespoir. Morceau capital, plein d'intérêt et d'effet.

65. — Paysage fait d'après nature, en Auvergne; une danse de paysans, peinte par M. Duval, enrichit et égaie ce petit tableau.

RENOUX.

66. — Dans un cachot éclairé par en haut, un religieux donne des consolations à un vieux prisonnier. Ce tableau est bien entendu d'effet, il fait honneur à M. Renoux, qui n'avait point encore peint de figures d'une aussi grande dimension.

67. — Autour d'un monument en ruine, une confrérie de religieux promène l'image de la Vierge.

Très-bon tableau avec effet de soleil levant, et dont l'exécution est extrêmement soignée.

68. — Intérieur de chapelle. L'effet tranquille, l'accord, le ton de vérité de toutes les parties de ce tableau prouvent bien qu'il a entièrement été fait d'après nature. Les figures sont de la main de M. Duval.

SCHEFFER aîné.

69. — Des puritains retirés dans une chaumière, ont résolu la mort du jeune Morthon, la nuit même où il a trahi leur cause ; mais leur croyance religieuse leur défend de commettre ce meutre avant que la nuit ait fait place au jour. Un des plus furieux, dans son impatience, croit abréger le temps en avançant l'horloge, et concilier ainsi sa vengeance avec sa religion.

Cette composition importante de M. Scheffer, renferme au plus haut degré le mouvement et l'expression qui rendent tous ses ouvrages si intéressans.

70. — Une jeune fille revenant de glaner traverse

un ruisseau, chargée de son jeune frère qu'elle porte
sur son dos.

STEPHANOFF, peintre anglais.

71. — La Réconciliation : tableau d'une belle
couleur, riche de détails, plein de grâce et d'expression ; les productions de ce maître sont très-recher-
chées en Angleterre et payées un très-haut prix.

TANNEUR.

72. — Plusieurs marines peintes sur les côtes de
France.

TAUNAY.

73. — Intérieur de forêt. Sur le premier plan un
bûcheron se pend après une branche à moitié cou-
pée pour achever de la rompre ; à ses côtés, un jeune
enfant tenant un nid d'oiseau s'effraie à l'approche
de son chien.

- Très-beau tableau de ce maître et digne de sa
haute réputation.

THIBAULT.

74. Site d'Italie vu au coucher du Soleil. L'exécution
la plus soignée, l'harmonie la plus parfaite, un heureux choix sont les caractères habituels du talent de
Thibault.

TRUCHOT.

75. — Dans un intérieur éclairé d'une manière
piqnante, un religieux prie devant un crucifix. On

voit peu de peintures où la lumière soit conduite avec autant d'art.

VANDERBURG père.

76. — Paysage montueux et très boisé, terminé par un horizon plein de vapeur. Le devant est orné de jolies figures peintes par M. Demarne.

VERBOECKHOVEN, de Gand.

77. — Paysage avec animaux. M. Verboeckhoven est un des artistes de l'école des Pays-Bas les plus en réputation. Ses ouvrages sont très recherchés.

VERNET (CARLE).

78. — Chevaux en liberté dans un pré. —
Ce tableau est du beau temps de M. Carle Vernet ; le dessin est extrêmement pur, et l'exécution pleine de finesse et de vérité ; l'on y trouve en un mot toutes les qualités qui ont fait à juste titre la réputation de cet habile artiste. Il fait pendant avec les *Lanciers d'Horace Vernet*, inscrits ci-après au n° 80.

VERNET (HORACE).

79. — Napoléon à Mont-Saint-Jean : tableau plein d'intérêt par son sujet et par la manière dont il est traité.

M. Horace Vernet a répété cette composition ; la pareille, sauf des différences peu sensibles, se voit dans le palais de S. A. R. Monseigneur le duc d'Orléans.

80. — L'intérieur d'un édifice gothique servant d'écurie à des lanciers polonais. L'un d'eux cause avec son camarade et selle son cheval.

L'effet de ce tableau, le rendu de son exécution le placent, selon nous, au rang des ouvrages les plus remarquables de M. H. Vernet, et lui méritent une attention toute particulière de la part des amateurs qui désirent un morceau de choix de la main de cet artiste extraordinaire. On sait que M. H. Vernet, étant absent pour plusieurs années, ayant d'ailleurs cessé de peindre des tableaux de petite dimension, il sera bien difficile désormais de se procurer quelque chose de sa main.

WATELET.

81. — Tableau d'une petite dimension représentant une plaine où serpente une rivière; sur le devant une chute d'eau fait tourner un moulin qu'ombrage une belle masse d'arbres. Une femme et une vache peintes par M. Demarne enrichissent ce joli tableau.

82. — Vue prise à Tivoli, au soleil levant, de l'endroit où sont les ruines des écuries de Mécène. Ce charmant tableau est des plus réussis de l'auteur : entente de lumière, vérité dans la couleur, perfection dans les détails, sité intéressant; tout en lui mérite nos éloges.

83. — Autre précieux tableau qu'on peut regarder comme le chef-d'œuvre de M. Watelet. Ce paysage qui représente le cours de l'Isère et la vue de

Grenoble, a fait l'admiration des amateurs au salon de 1824. Nous pensons qu'il ne sera pas vu avec moins de plaisir aujourd'hui.

YONG, de Bruxelles.

84. — Un charmant paysage plein d'air et de lumière.

M. Verboeckhoven y a peint avec beaucoup de soin et d'esprit un troupeau de vaches traversant une rivière.

M. COUPIN DE LA COUPERIE.

85. — Françoise de Rimini, était unie au seigneur Lancelot, homme recommandable par sa bravoure, mais peu favorisé de la nature. Paul, frère de Lancelot, jeune homme d'une grande beauté, conçut secrètement pour Françoise un violent amour que sa belle-sœur partageait, mais qu'elle s'efforçait de tenir caché. Un jour que les amans, se croyant seuls, lisaient un roman dont le sujet les émut et égara leur raison, le mari qui les épiait entre furieux et les tue tous deux du même coup d'épée.

Ce beau tableau, d'un intérêt plein de charmes, a fait partie du salon de 1812, et y a obtenu le plus grand succès. Toutes les parties en sont peintes avec un soin extrême et avec une rare perfection ; il est difficile de trouver rien de plus séduisant que la figure de Françoise, et de rendre avec plus de bonheur l'abandon de l'amour, et les combats de la pudeur.

M. Coupin, l'un des élèves les plus distingués de Girodet, n'a produit que très-peu d'ouvrages, et celui-ci est généralement regardé comme son chef-d'œuvre.

DESSINS ET AQUARELLES.

BELLANGÉ.

86. — Le Dimanche à Romainville.

BONNINGTON.

87. — Charmant dessin plein d'effet et de couleur, représentant François Ier et la reine de Navarre au moment où elle lit sur une vitre le distique que le roi vient d'y tracer,

> « Souvent femme varie,
> « Bien fol qui s'y fie. »

CHARLET.

88. — L'aimable conscrit : charmant dessin plein d'esprit et d'une exécution parfaite.

CHAUDET.

89. — La mort d'Athalie; très-beau et très-rare dessin de l'un de nos plus grands sculpteurs.

COLIN ET HORACE VERNET.

90. — Très-belle copie du tableau de la barrière de Clichy en 1814.

Cette copie à laquarelle faite par M. Colin, l'un de nos artistes les plus distingués, sous la direction de M. Horace Vernet, et retouchée par lui dans toutes ses parties, rend parfaitement toutes les beautés de l'original.

DAVID.

91. — Composition première pour le tableau de Léonidas.

92. — Caracalla faisant assassiner son frère dans les bras de sa mère.

93. — Pendant du précédent : l'ombre de Septime-Sévère apparaissant à Caracalla, et lui reprochant la mort de son frère.

GÉRARD (Baron).

94. — Entrée d'Iphigénie au camp des Grecs.

95. — Dessin pour les Bucoliques de Virgile ; jeunes bergers au tombeau de Daphnis.

GIRODET.

96. — Grande et belle composition pour le jugement de Paris.

97. — Hermione reprochant à Oreste le meurtre de Pyrrhus.

98. — Dessin terminé pour la Galatée.

GERICAULT.

99. — Composition pleine de vigueur et d'effet pour le radeau de la Méduse.

INGRES.

100. — Une communion. Très-précieux dessin plein de caractère et de finesse.

MICHALON.

101. — Très-beau dessin à la sepia, représentant la vue de Tusculum, maison de campagne de Cicéron.

PRUDHON.

102. — Précieux dessin à l'estompe et rehaussé de blanc, du sujet de Phrosine et Mélidor.

103. — Composition pour le poëme de l'art d'aimer.

TAYLOR.

104. — Une course de chevaux.

CARLE VERNET.

105. — Départ pour la chasse.

HORACE VERNET.

106. — Le berger philosophe.

FIN.

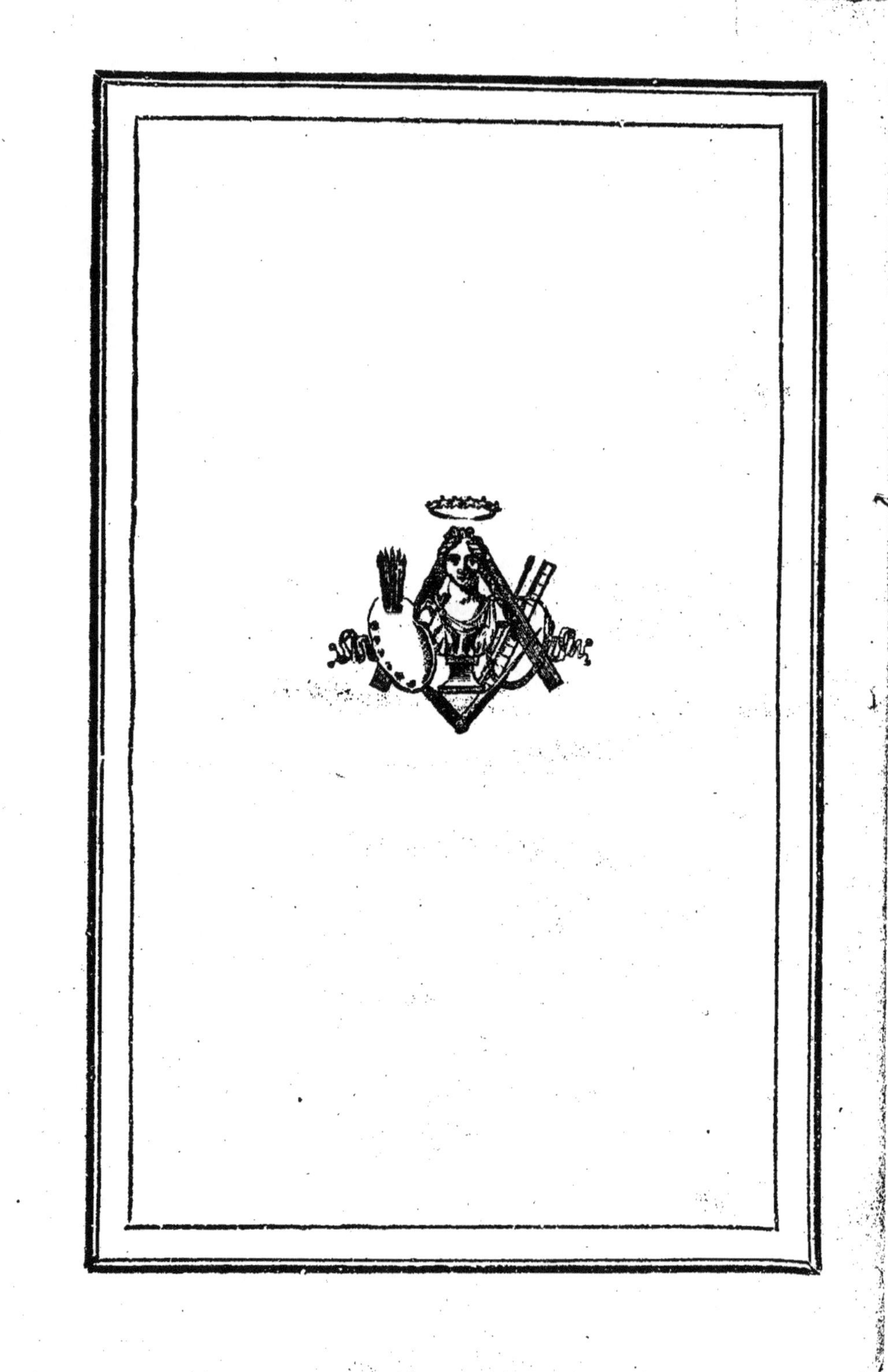